LA DYNASTIE

DE BRAGANCE

ET

L'AVENIR DU PORTUGAL

PAR

LE COMTE STÉPHEN DE BÉARN

PARIS

IMPRIMERIE SIMON RAÇON ET COMPAGNIE

RUE D'ERFURTH, 1

——

1865

LA DYNASTIE

DE BRAGANCE

ET

L'AVENIR DU PORTUGAL

LA DYNASTIE

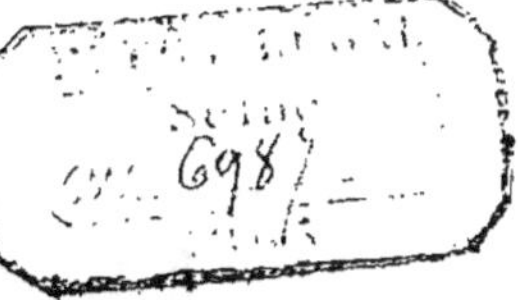

DE BRAGANCE

ET

L'AVENIR DU PORTUGAL

PAR

LE COMTE STÉPHEN DE BÉARN

PARIS

IMPRIMERIE SIMON RAÇON ET COMPAGNIE

RUE D'ERFURTH, 1

1865

LA DYNASTIE
DE BRAGANCE

ET

L'AVENIR DU PORTUGAL

I

« Heureux, a dit Fénelon, les peuples dont l'histoire n'est pas intéressante. » Si la maxime formulée par l'illustre archevêque de Cambrai était un jugement sans appel, il faudrait en inférer que la nation portugaise a été malheureuse entre toutes, car ses annales présentent le spectacle non interrompu de scènes dramatiques et de péripéties émouvantes.

Jeter un regard en arrière sur l'histoire du

Portugal, voir dans la suite des âges cet État sortir victorieux de toutes les luttes, s'avancer inébranlable et fort sur la scène du monde et donner le spectacle de plusieurs générations de héros animés d'une même ardeur pour l'indépendance, la gloire et la prospérité de leur pays, n'est-ce pas là un exemple et un enseignement dignes de fixer l'attention de l'historien.

II

Dominés par les Carthaginois et soumis par les Romains, les habitants de la Lusitanie déploient dans leur lutte contre les maîtres du monde les plus généreux efforts. Viriathe, un des leurs, à la tête d'une poignée de ses compatriotes, bat à plusieurs reprises les généraux de la puissante Rome qui, ne pouvant triompher de ce héros, le fait assassiner. Bientôt le flot de l'invasion des barbares, après avoir dévasté le reste de l'Europe et emporté l'empire romain, envahit la Lusitanie; les Alains se fixent sur les bords du Tage; puis viennent les Vandales, les Suèves, les Goths et enfin les Arabes. Ce ne fut pas sans rencontrer la plus vive résistance que les différents peuples que nous venons d'énumérer pénétrèrent sur ce territoire défendu au nom de la foi et de la patrie par une nation qui suppléait au petit nombre de ses combattants par la grandeur de son courage.

Quand les rois des Asturies prirent l'offensive contre les Musulmans, les bords du Tage servirent souvent de champ de bataille aux deux partis. Coïmbre, Lisbonne, Viseu furent prises et reprises tour à tour. Alphonse I⁰ʳ le catholique s'empara de Braga et d'Oporto et occupa le pays situé entre Duero et Minho. Plus tard les rois de Léon poussèrent leurs conquêtes jusqu'à Coïmbre.

Vers la fin du onzième siècle le territoire connu sous le nom de Portugal appartenait aux rois de Castille successeurs des rois de Léon. Alphonse VI, vaincu par les Almoravides à Zalacoa, appela à son aide la chevalerie française. Les descendants de ces preux qui avaient écrasé les Sarrazins dans les champs de Poitiers répondirent à l'appel du roi chrétien et vinrent se ranger sous

sa bannière. Les Almoravides sont vaincus et con-
traints à la retraite. Alphonse, reconnaissant des
services qu'il avait reçus du comte Henri de Bour-
gogne, arrière-petit-fils du roi Robert, lui accorda
la main de sa fille, Dona Theresa, et lui donna pour
dot en l'élevant au rang d'état indépendant le pays
que l'on désignait alors sous le nom de Portugal.

III

Tel fut le commencement de cet État d'abord
simple fief de la Castille confié à la garde d'un
prince chrétien. Il puise dans sa foi ardente, dans
son exaltation religieuse la force de triompher des
attaques réitérées des Maures, et dans son amour
de l'indépendance l'énergie de résister à l'orgueil
castillan et de secouer son humiliant vasselage.
Devenu royaume, le Portugal s'avança rapidement
des bords du Minho jusqu'aux rivages de l'Océan.

Dans ce glorieux enfantement d'un peuple, que
d'héroïques efforts mis au service d'une noble

cause! Le sang généreux des Portugais coula à flots et arrosa à chaque pas ce territoire vaillamment conquis sur le Croissant et sur la Castille.

Dans ce siècle témoin de tant de prodiges de valeur, le courage, la persévérance des chevaliers chrétiens tirant l'épée au service de la foi et de la patrie contre un ennemi fanatique et contre un rival jaloux excitèrent l'émulation et l'enthousiasme des plus braves.

Quels soldats que ces hommes qui avaient nom Alphonse Henriquez, Egaz Moniz, Bernard Froias, Perez Correa, Martin Freitas et Giraldo Giraldes!

C'est peut-être l'époque la plus glorieuse de l'histoire portugaise. Tandis qu'en France, en Allemagne, en Angleterre, le despotisme et la féodalité exercent leur empire sanguinaire et plongent les peuples dans l'ignorance et dans l'abrutissement, les Lusitaniens unis par les liens d'une véritable fraternité, animés d'une même pensée, soutenus par le sentiment de leur propre valeur, défendent leurs droits de citoyens comme ils ont défendu leurs foyers et méritent la gloire d'avoir été les précurseurs des autres peuples dans la voie de la liberté. Leurs rois ne sont que des chefs couronnés conduisant à la croisade et à la victoire leurs compagnons d'armes. A l'assemblée des cortès seule appartient le gouvernement de l'État et la direction des affaires.

Et, quelle puissante vitalité! quelle exubérante énergie chez cette jeune nation! Ce n'est pas assez pour elle d'avoir refoulé les Musulmans, d'avoir abattu l'altière Castille et d'avoir conquis la liberté, elle porte ses vues ambitieuses au delà des limites que la nature lui a tracées; et, placée en face de l'Océan, elle songe déjà à le soumettre à son empire. Chrétienne, elle jette sur l'Afrique un regard courroucé et brûle de porter sur ses rivages l'invasion qui l'a si longtemps désolée elle-même. Avide de bien-être et de richesses, elle suit d'un œil d'envie la rapide fortune de Venise, et rêve au moyen de se tracer une route jusqu'aux opulentes régions de l'Inde.

Quels nouveaux prodiges vont apparaître aux yeux du monde étonné! Et que ne doit-on pas attendre de ce peuple vaillant!

Favorisés, encouragés par un prince éclairé, dom Henri, de hardis navigateurs s'élancent à la recherche de l'inconnu; pour eux point d'obstacles insurmontables, point de fatigues qui ne soient supportées avec constance, point de dangers qui ne soient affrontés avec courage. Bientôt, les rivages de l'Afrique sont explorés depuis le cap Boyador jusqu'au cap de Bonne-Espérance, depuis le cap de Bonne-Espérance jusqu'à la pointe de Guardafui : l'Inde est abordée, l'Amérique découverte, de puissants royaumes sont renversés par une poignée d'hommes : sur terre et sur mer, on combat un contre cent et toujours la victoire reste fidèle aux Portugais : des colonies florissantes s'élèvent. Lisbonne devient l'entrepôt du commerce du monde.

Les grands conquérants de l'antiquité et du moyen âge n'ont laissé que des traces infécondes de leur passage, leurs exploits ont été plus nuisibles qu'utiles à l'humanité; mais les immortels travaux de Barthélemi Diaz qui reconnut les rivages africains, de Vasco de Gama qui doubla le cap des Tempêtes et trouva la route des Indes si longtemps cherchée, d'Alvarez Cabral, d'Almeida, d'Albuquerque qui fondèrent en Afrique et en Asie la puissance portugaise : ces immortels travaux, disons-nous, furent pour le monde entier une source inépuisable de prospérité et de gloire.

A côté de ces noms illustres, la postérité reconnaissante a placé ceux de Pero de Covilham et d'Alphonse de Païva; ce dernier paya de sa vie son amour pour la science et son dévouement à la patrie. Les entreprises de ces hardis explorateurs firent connaître la carte des rivages africains, et contribuèrent, avec celles de Barthélemi Diaz, à ouvrir à l'Europe une nouvelle voie qui devait la conduire aux Indes, rêves de toutes les ambitions.

Le génie de ses enfants, les découvertes maritimes, l'immense extension du commerce qui en fut la suite, tout concourut à donner au Portugal la plus grande somme de grandeur à laquelle puisse aspirer une nation.

IV

Les conséquences politiques, amenées par les heureuses explorations des Portugais, sont d'un ordre tellement élevé qu'au premier abord l'intel-

ligence n'en saisit que faiblement toute la portée;
nous ne pouvons les comparer qu'à l'invention de
Gutenberg, au quinzième siècle, ou à celle plus
récente de la vapeur.

Ne l'oublions pas ; c'est seulement à partir de
cette époque que l'on commença à comprendre
le rôle important de la marine dans l'avenir des
nations, et quelle source de prospérités l'empire
de la mer peut donner aux peuples. Ce fut le
Portugal, qui le premier eut la gloire de révéler
aux nations civilisées, que ce n'est pas unique-
ment sur leur territoire qu'elles doivent chercher
leur fortune, mais qu'elles peuvent aussi la tirer
avec leurs navires des points les plus éloignés du
globe.

C'est bien à sa marine que la Hollande a dû sa
grandeur, et aussi l'Espagne quand elle était
maîtresse de l'Océan ; ce sont encore les vaisseaux
qui firent la force de Venise et de Gênes, et qui
font aujourd'hui celle des États-Unis et de l'Angleterre.

V

Mais le Portugal ne devait pas jouir longtemps de ses triomphes, et sa splendeur devait être de courte durée. Entraîné par un courant irrésistible, il avait embrassé une entreprise au-dessus de ses forces ; n'écoutant que son courage il rêvait à la fois et la domination des Indes et celle du Brésil et celle de l'Afrique occidentale : rêve d'un peuple de géants, tâche audacieuse à laquelle il devait fatalement succomber ; mais à laquelle, rendons-lui au moins cette justice, il succomba glorieusement.

Les ressources manquèrent au Portugal pour soutenir sa domination dans les nombreuses et lointaines colonies qu'il avait semées sur le rivage de l'Afrique et de l'Asie ; et lorsque l'Europe, envieuse de sa puissance, se ligua contre lui, trahi par ses propres forces, épuisé d'efforts généreux mais impuissants, il fut incapable de résister, et il succomba, à l'apogée de sa gloire, abandonnant aux autres peuples les routes de l'extrême Orient, après en avoir été longtemps le maître redouté.

Albuquerque était mort! Héros illustre, dont la glorieuse ambition et le génie aventureux furent une des gloires de son pays en même temps qu'elles furent une des causes de sa ruine! Ses successeurs, incapables, avides ou corrompus, ne firent que précipiter cette chute, et la décadence du Portugal fut désormais accomplie. Bientôt le despote Philippe II, ce terrible renverseur de trônes, vient mettre le comble aux malheurs de la nation portugaise, et, en un mois, lui enlève avec son roi l'indépendance et la liberté.

Triste époque pour un peuple fier, courageux, et qui devenait esclave après avoir été longtemps le maître.

Voilà donc le Portugal abîmé, confondu dans l'immense empire de Charles-Quint. Douloureuse épreuve subie d'abord avec la rage sourde de l'impuissance, mais à laquelle enfin il parvint à se soustraire pour voler, libre de toute entrave, à de nouvelles destinées.

VI

Il est nécessaire ici de dire quelques mots de la révolution qui s'accomplit en 1640 et qui, avec l'avénement au trône de cette grande et noble famille de Bragance, fut le réveil de la nationalité portugaise.

Établissons d'abord les droits légitimes et incontestables de la maison de Bragance, qui pendant plus de deux siècles a donné au Portugal d'illustres souverains, et dont le dernier rejeton, digne héritier des vertus et de la gloire de ses pères, occupe en ce moment le trône pour lequel il est si bien formé, et où il a apporté, avec les sentiments chevaleresques de sa noble race, les plus précieuses qualités de l'esprit et du cœur.

VII

Dom Sébastien, qui mourut malheureusement
à la bataille d'Arzille en Afrique, en 1578, n'avait
point laissé d'enfants. Son oncle, le cardinal dom
Henri, monta alors sur le trône et ne régna que
quinze mois. Après sa mort, différents princes et
princesses, qui prétendaient tous avoir des droits à
lui succéder, se disputèrent la couronne. Ce furent
d'abord Catherine, duchesse de Bragance, et Philippe II roi d'Espagne, puis le duc de Parme, le duc
de Savoie et Dom Antonio, prieur de Crato, qui des-
cendaient tous, mais à des degrés différents, du roi
Dom Emmanuel, père de Dom Henri. Les héritiers
les plus directs, et tous deux au même degré, étaient
la duchesse de Bragance, fille de l'infant Édouard,
et le roi d'Espagne, fils de l'impératrice Élisabeth.
Les autres prétendants, dont l'un, le prieur
de Crato, était enfant naturel de l'infant Dom Luiz,
n'avaient que des droits bien inférieurs à ceux de

Catherine et du roi d'Espagne; aussi eut-on fort peu d'égards à leurs prétentions, et les plus savants jurisconsultes déclarèrent que la couronne revenait de droit à la duchesse de Bragance, parce qu'elle était Portugaise, et que les lois du pays excluaient les princes étrangers de la succession au trône de Portugal. Malheureusement, Catherine n'avait pas les forces nécessaires pour soutenir ses prétentions légitimes; Philippe II, au contraire, envoya en Portugal le duc d'Albe avec une armée considérable, et les Portugais, un instant révoltés, durent plier après trois semaines d'héroïque défense, devant le général espagnol. Philippe II fut donc reconnu pour souverain légitime, au détriment de Catherine de Bragance. Il gouverna le Portugal comme un peuple conquis, et ses fils, Philippe III et Philippe IV, firent de même.

VIII

Depuis soixante ans les Portugais, courbés sous la domination étrangère, souffraient impatiemment toutes leurs misères et cherchaient le moment de reconquérir leur indépendance et leur liberté. Ce fut le roi d'Espagne lui-même qui leur fournit enfin l'occasion tant souhaitée.

Le duc d'Olivarès, premier ministre de Philippe IV, pensait qu'on ne pouvait trop affaiblir de nouvelles conquêtes; il voulait, après soixante années d'oppression et de misères, ravir aux Portugais les derniers vestiges de leur puissance et leurs dernières libertés. Le Portugal avait perdu ses plus belles colonies, tombées aux mains des Hollandais ou des Anglais, et insensiblement ce beau royaume devenait une province d'Espagne. Le peuple était accablé d'impôts, et la noblesse, reléguée dans ses terres, à moitié ruinée, paraissait ne plus même songer à secouer le joug de la domi-

nation castillane. Les choses en étaient là, lorsqu'en 1634, Olivarès, mettant le comble à ses
déprédations, et ne gardant plus aucune mesure,
frappa le Portugal d'un impôt de cinquante mille
cruzades d'or. En vain les cortès déclarèrent-elles
qu'il était impossible de fournir cette somme,
rien n'arrêta la rapacité des vainqueurs, et un édit
royal ordonna, en 1637, la perception de l'impôt.
Les Portugais se réveillèrent soudain; n'ayant plus
rien à perdre et ne voyant plus aucun adoucisse-
ment à leur misère, ils songèrent à s'affranchir
de cette insupportable domination.

Le duc de Bragance, sur lequel le Portugal jeta
aussitôt les yeux, était le petit-fils de cette duchesse
Catherine, héritière directe de la couronne et qui,
dépossédée de ses droits par la force et la violence,
avait dû se retirer devant les armées du redoutable
Philippe II. Le duc était d'une humeur douce et
agréable, il avait l'esprit droit et juste, et il était
aimé du peuple et des grands; mais il n'avait aucune ambition : aussi, lorsqu'on lui proposa de
faire un soulèvement en sa faveur, hésita-t-il longtemps avant d'accepter. Il haïssait les Espagnols,
mais il ne voulait pas se donner de peine pour

se venger d'eux, et ne demandait qu'à jouir tranquillement des immenses richesses que l'Espagne lui avait conservées, paraissant ne rien craindre d'un prince qu'elle savait ami des plaisirs et de l'oisiveté. Cependant le duc de Bragance, excité par sa femme Louise de Guzman, Espagnole de naissance, mais devenue Portugaise de cœur depuis son mariage, ne resta pas longtemps indécis. Cette princesse sut inspirer à son mari une partie de la noble ambition qui la dévorait : « J'aime mieux, lui disait-elle, être reine pendant une heure, que duchesse toute ma vie. »

Louise attirait à elle tous les hommes qui lui paraissaient en état de seconder ses projets, et elle eut bientôt réuni à ses côtés les noms les plus illustres du Portgual : Dom Miguel d'Almeida, Dom Antonio d'Almada, Dom Luiz d'Acugna, le grand-veneur Mello, Pierre Mendoza, Dom Rodrigo de Saa, grand chambellan, et beaucoup d'autres officiers des anciens rois naturels du Portugal, auxquels on avait conservé leurs charges héréditaires, qui n'étaient plus que de vains titres depuis la domination espagnole.

Parmi les partisans du duc de Bragance, celui

qui travailla le plus efficacement au succès de
la conspiration est certainement son intendant,
l'illustre Pinto Ribeira. D'une famille noble d'Ama-
ranthe, il était l'ami et en même temps le secré-
taire de Dom Juan. Actif, intelligent, d'un dévouement à toute épreuve, il sut avec une rare habileté
répandre des plaintes contre le gouvernement espagnol, augmenter le nombre des mécontents et
faire entrer peu à peu toute la nation dans ses
vues. On peut dire qu'il fut l'âme de cette révolution extraordinaire, qui en un seul jour changea
les destinées du Portugal et replaça sur le trône
une monarchie qui, depuis plus de soixante années, languissait sous le joug de l'étranger.

Ce fut à Lisbonne, le 5 août 1641, à huit heures
du matin, qu'éclata la révolte. Un coup de pistolet
tiré par Pinto fut le signal de l'attaque; les con-
jurés, divisés en quatre bandes, se précipitèrent
en armes sur le palais, aux cris de : *Vive Bragance!*
enfoncèrent les portes, massacrèrent la garnison
qui les défendaient, et proclamèrent Jean IV, duc
de Bragance, roi de Portugal.

Ainsi s'accomplit cette révolution grande et
noble, dont le secret, confié à la nation entière,

fut inviolablement gardé, qui réussit en même temps dans tout le royaume avec un égal succès, et qui fut comme un embrasement général se propageant avec la rapidité de la foudre, de Lisbonne jusqu'aux frontières.

La nation portugaise, en retrouvant ses rois légitimes et son indépendance, respira enfin librement, et la joie qui était dans tous les cœurs éclata de toutes parts en manifestations enthousiastes. Mais que de choses à créer! que de lacunes à combler! L'argent était rare, le crédit impossible; pas de marine, pas d'armée, telle était la situation. Aussi ne faut-il pas s'étonner de voir encore pendant longtemps le Portugal vivre d'espérances au milieu des débris de son ancienne grandeur.

Malheureusement le patriotisme des premiers Bragance s'égara. Pour échapper à la domination de l'Espagne, on tomba dans les mains de l'Angleterre, nation exploiteuse par excellence et qui fit tous ses efforts pour réduire ce beau pays à l'état de ferme et de colonie.

IX

Un ministre secondé par un roi intelligent et probe entreprit de soulever ce nouveau joug du Portugal, de ranimer ses concitoyens, et d'inaugurer dès jours meilleurs. Le marquis de Pombal fut l'Alberoni de son pays, et le Portugal sous sa puissante main déploya une vigueur que ne lui soupçonnaient pas ceux qui ignoraient l'énergique vitalité de ce peuple.

Mais élève audacieux des idées françaises représentées par les encyclopédistes, Pombal n'avait d'autre appui que son maître, son bon droit et son talent contre la toute-puissance du clergé et des nobles, contre les menaçantes doléances de l'Angleterre. Son ministère fut donc une lutte infatigable ; l'opiniâtreté des résistances le poussa à la tyrannie ; et comme il était seul contre tous, à peine Joseph Ier était-il mort que le marquis de Pombal succomba misérablement : on l'appela

peu après le *grand marquis*. Mais il était trop
tard. Après sa mort, le Portugal tomba entre les
mains de son ambitieuse protectrice et des partis
qu'elle entretenait dans des desseins trop faciles
à pénétrer.

Depuis cette époque, le Portugal a eu à traverser
bien des épreuves; mais il est sorti vainqueur de
la lutte, et l'on peut dire que c'est de Jean IV, que
c'est de l'illustre reine Dona Maria que date la nouvelle ère de prospérité de cette vaillante nation.

L'esprit de parti a singulièrement défiguré les
faits qui établissent d'une manière irréfutable la
légitimité de la reine Dona Maria. Il ne nous sem-
ble donc pas inutile d'entrer dans quelques expli-
cations à ce sujet.

X

Lors de l'invasion de la France en Portugal, le
roi Jean IV se réfugia au Brésil; mais quand les
événements de 1814 eurent rouvert le Portugal
à la maison de Bragance, une violente révolte

éclata entre l'ancienne métropole qui ne voulait
pas rester province, et la nouvelle métropole qui
ne voulait pas le devenir. La révolution de 1820 en
Espagne fut imitée par le Portugal, et le 26 février
1821, par le Brésil; mais quelques jours après,
le Brésil jugeant ses prétentions compromises par
le prochain départ du roi, qui se disposait à re-
tourner à Lisbonne pour continuer la révolution
de 1820, un mouvement exclusivement brésilien
éclata à Rio de Janeiro. On transigea. Des garanties furent accordées au Brésil, et le prince
royal, Dom Pedro, y resta avec les titres et pouvoirs de régent, autant comme otage monarchique
que comme garantie libérale, car le jeune prince,
de son propre mouvement, avait adhéré soit
comme acteur, soit comme modérateur, au mouvement du 26 février. La présence de l'infant
Dom Pedro symbolisait les prétentions du Brésil
à l'indépendance. Les Cortès de Lisbonne décré-
tèrent le rappel de Dom Pedro. Le Brésil ré-
pondit à cette imprudente provocation par une
scission nationale, et donna la couronne à Dom
Pedro qui l'accepta. L'infant obéissait aussi aux
désirs de son père Jean IV, qui lui avait dit en

s'embarquant. « Je prévois que le Brésil ne tardera pas à se séparer du Portugal, et dans ce cas je préférerais vous voir prendre la tête de ce mouvement et monter sur le trône plutôt que de laisser passer ce fleuron de la couronne de Bragance entre les mains d'un aventurier. Mettant sa politique en accord avec ses paroles, Jean IV reconnut le 29 août 1825 Dom Pedro comme empereur du Brésil.

Les partisans de l'absolutisme en haine des idées libérales patronnées par Dom Pedro se rallièrent à Dom Miguel son frère puiné, et prétendirent que le titre d'empereur du Brésil et celui de prince royal de Portugal s'excluaient l'un l'autre.

Mais rien n'est moins soutenable que cette prétention. En principe, ce qui constitue l'indépendance d'une nation vis-à-vis d'une autre, c'est la faculté de s'administrer séparément et à sa guise. Or, il n'y a pas d'empêchement matériel ou moral à ce que le même homme soit placé à la tête de deux administrations distinctes. La tradition, la coutume historique, qui, en semblable matière, ont force de loi, fournissent cent exemples de nations réciproquement indépendantes, quoique vivant sous le même sceptre, et de nations solidaires en tout, quoique battant monnaie à effigies différentes. S'il y avait eu doute à cet égard, les Brésiliens en se déclarant indépendants, n'auraient certes pas commis l'imprudence de choisir justement pour empereur l'héritier direct du trône portugais. Ils auraient fait tout au moins leurs réserves contre l'éventualité prochaine et prévue de la réunion des deux couronnes, et rien de semblable ne fut stipulé dans l'acte d'indépendance du Brésil. Puisque aux termes du droit monarchique, puisque dans l'opinion des principaux intéressés eux-mêmes, la séparation nationale du Portugal et du Brésil n'empêchait pas la séparation définitive des deux couronnes, l'acceptation par Dom Pedro de la couronne du Brésil ne pouvait, à plus forte raison, impliquer sa renonciation au titre de prince royal portugais.

En fait, et ceci répondrait au besoin à tout, la légitimité de Dom Pedro a été formellement proclamée par le roi Jean IV, qui, au point de vue monarchique, était le véritable juge de la question. Frère et fils rebelle, l'infant Dom Miguel n'avait même pas attendu la mort de son père pour essayer de s'emparer à main armée de l'héritage de Dom Pedro. Devant un parti pris d'usurpation aussi audacieusement avoué, Jean IV crut devoir pousser la précaution jusqu'à régler ce qui allait de soi. L'édit perpétuel du 15 novembre 1825 reconnut tout à la fois Dom Pedro comme empereur du Brésil et comme héritier naturel des deux couronnes. Jean IV alla plus loin, et pour qu'il fût immédiatement constaté que la séparation nationale des deux pays pouvait très-bien se concilier avec la réunion des deux couronnes, il se réserva par le même édit le titre viager d'empereur du Brésil.

Le principe et le fait étaient tellement évidents en faveur de Dom Pedro, qu'à la mort de Jean IV aucune protestation ne s'éleva contre son avénement au trône de Portugal. Le nouveau roi fut immédiatement reconnu en cette qualité par tous les gouvernements légitimes et par l'infant Dom Miguel lui-même; car, soit qu'il voulût se rouvrir le Portugal d'où Jean IV l'avait banni, soit que les sévères remontrances du gouvernement français, de l'empereur d'Autriche et du prince de Metternich eussent fait impression sur lui, l'infant rebelle protesta, dans trois déclarations écrites

coup sur coup, de sa fidélité à Dom Pedro, dés-
avouant par la même occasion toutes les ten-
tatives séditieuses qui pouvaient être faites en
son nom.

Dom Pedro avait donc seul le droit de disposer
de la couronne de Portugal, et il n'avait droit d'en
disposer qu'en faveur de ses descendants. C'est ce
qu'il fit. Prévoyant que la question de résidence,
quelle que fût d'ailleurs la popularité dont il jouis-
sait dans les deux pays, pouvait raviver d'un moment à l'autre les rivalités calmées par l'acte de
séparation, et se conformant aux précédents mo-
narchiques de l'Espagne et du Portugal, il disposa
de la partie la plus importante de ses domaines en
faveur de son fils aîné, et du Portugal en faveur
de son second enfant, Dona Maria. Celle-ci fut
acceptée comme héritière de Dom Pedro par les
trois ordres de l'État.

Prenant au mot les obséquieuses protestations
de Dom Miguel, ou plutôt comptant le ramener
par cette preuve inespérée de confiance, Dom
Pedro nomma en même temps son frère régent du
royaume et le fiança à Dona Maria. Dom Miguel
accepta et prêta serment solennel de fidélité à Dom

Pedro, à Dona Maria et à la charte constitutionnelle. Mais à peine investi du gouvernement du
pays il rappela les ennemis et persécuta les amis
de Dom Pedro, renversa la charte et détrôna finalement Dona Maria, sa fiancée et sa souveraine.
Dom Pedro vint punir en personne ce triple par-
jure, et définitivement vaincu à Evoramonte,
l'usurpateur signa une convention par laquelle
il s'engageait à ne plus s'occuper des affaires
du Portugal, engagement qu'il n'a pas plus tenu
que les autres.

En résumé, la légitimité de Dom Pedro et par
contre celle de Dona Maria eut la multiple sanction
du droit monarchique, des déclarations explicites
de Jean IV, de la reconnaissance des puissances,
du serment du prétendant, du consentement na-
tional, et finalement celle de la victoire, celle
d'une renonciation formelle de l'usurpateur.

La légitimité de Dona Maria n'a pu être con-
testée que par le fait d'un malentendu ou par la
mauvaise foi de l'esprit de parti.

XI

Le libéralisme portugais s'était montré à son début essentiellement radical. La constitution de 1820 battait à la fois en brèche la prérogative royale, l'influence aristocratique et l'influence religieuse, et touchait par conséquent aux trois plus énergiques susceptibilités des masses. Jean IV comprit de prime abord ce qu'une pareille solidarité de position avait de compromettant; il renversa la constitution de 1820 pour ne pas être renversé par elle, et la charte octroyée peu après par Dom Pedro établit une démarcation très nette entre l'esprit révolutionnaire et le libéralisme constitutionnel; mais la faction absolutiste étant devenue pouvoir par l'avénement de Dom Miguel à la régence, l'alliance de la royauté légitime et du radicalisme se trouva renouvelée de fait. Dom Miguel déconsidéra fort habilement le

premier principe par le secours, et sous les influences combinées de la propagande monastique,
de l'ignorance des masses, d'un système de ter-
reur qui fermait la bouche aux libéraux éclairés, et
de l'appui ouvert que donnaient aux absolutistes
portugais les absolutistes espagnols; une fraction
notable du pays se rallia au drapeau qu'on lui
présentait comme l'unique sauvegarde du principe
monarchique, aristocratique et religieux. En de-
venant factieux, les paysans crurent simplement
rester conservateurs.

Il suffit toutefois du retour de Dom Pedro pour
faire cesser ce malentendu; mais Dom Pedro
étant mort et le miguélisme n'étant plus là pour
discipliner les Constitutionnels par le sentiment
d'un danger commun, la division se mit entre
ceux-ci. Une révolution substitua à la charte octroyée la constitution de septembre 1838, sorte de
compromis entre le libéralisme avancé et le radicalisme proprement dit. Sous l'empire de cette constitution qui surexcitait tous les éléments de désordre et neutralisait tous les éléments de cohé-
sion, le miguélisme abattu commençait à revenir
sur la scène, lorsqu'un jeune ministre, qui lui-

même n'avait pas échappé à la fièvre ultra-libé-
rale, mais dont l'esprit pratique n'avait attendu
pour se révéler que le premier contact des affaires,
conçut le projet hardi de restaurer à lui tout seul
la charte : c'était M. Costa Cabral, le futur comte
de Thomar. Le mouvement dont il alla, de sa personne, donner le signal à Porto gagna presque in-
stantanément tout le pays (1842).

XII

La charte de Dom Pedro reflète ce double ca-
chet de conservation et de progrès, de légitimité
et de libéralisme, qui caractérisait l'avénement de
Dona Maria. Un roi par la grâce de Dieu y déclare
associer à sa souveraineté les représentants de la
nation. Le maintien des droits, de la hiérarchie et
de l'hérédité nobiliaires s'y associe à la proclamation de l'égalité civile et à l'interdiction de tout
culte extérieur autre que le catholicisme, à la ga-

rantie de la liberté de conscience. Le roi, qui se
réserve les nominations ecclésiastiques, s'engage
en revanche par serment à maintenir la religion
catholique, apostolique et romaine. L'irresponsa-
bilité royale et la responsabilité ministérielle sont
également bien définies. Une chambre des pairs
héréditaires fait contre-poids à une chambre élec-
tive. Pour la formation de cette seconde chambre,
l'élection à deux degrés pallie l'exiguïté du cens,
et l'extrême abaissement de la limite d'âge a pour
correctif de prudentes exceptions. La chambre est
élue pour quatre ans sauf dissolution, et la session
législative ne dure que trois mois par an sauf con-
vocation extraordinaire. Le roi nomme le président et le vice-président de la chambre des pairs.
Ceux de la chambre des députés sont également
nommés par lui, mais il doit les choisir sur une
liste de cinq membres présentée par cette même
chambre. Les séances des deux chambres sont publiques, les décisions y sont prises à la majorité ab-
solue. Leurs attributions respectives sont calquées
sur ce que disposaient à cet égard les chartes françaises avant 1852, et leurs membres sont invio-
lables pendant la session, sauf le flagrant délit de

crimes entraînant la peine capitale. L'initiative appartient indifféremment à l'une et l'autre chambre ; mais le *veto* royal est absolu ; et, pour qu'en pareil cas l'irritation ne puisse pas percer, même dans les mots, la charte pousse la précaution jusqu'à préciser la formule par laquelle le désaccord des deux pouvoirs doit se manifester. Le refus de sanction doit être ainsi conçu : « Le roi veut méditer sur le projet de loi pour se résoudre à son heure, » et le pouvoir législatif répond invariablement : « La chambre est reconnaissante de l'intérêt que Sa Majesté prend à la nation. » Ce mécanisme nous paraît irréprochable et de nature à prévenir tous les frottements.

XIII

Malheureusement le restaurateur de la charte était un bourgeois qui avait mis le sceau à sa popularité en rétablissant les rapports longtemps interrompus avec le saint-siége et était en un mot devenu le premier personnage du royaume après Dona Maria. Les rapports politiques de la haute classe avec la classe moyenne n'ayant jamais été jusque-là que ceux de patron à client, les influences aristrocratiques qui se groupaient autour du trône ne purent se faire une idée qu'un plébéien vînt brusquement intervertir les rôles. Elles retirèrent à celui-ci un concours sur lequel il avait le droit de compter et firent cause commune avec la coalition. Tiraillée en sens divers par ses sympathies pour Costa Cabral, par ses déférences traditionnelles pour l'aristocratie et par la propagande des septembristes, la classe moyenne se retrancha dans une apathique neutralité. Quelques bataillons révoltés, la junte d'Oporto réunie, les étudiants de Coïmbre, la populace de Lisbonne un instant soulevés, enfin un ou plusieurs bâtiments de guerre anglais dans les eaux du Tage ou du Douro et un ministre anglais en intimité ouverte avec les chefs du mouvement, complètent la mise en scène de ces sortes de révolutions. Le commerce anglais n'y perd d'ailleurs rien, car à la faveur du désordre, les cargaisons de cotonnade qu'il tient prêtes pour la circonstance, pénètrent en fraude dans le pays. Quant à la politique anglaise, elle y gagne deux choses : l'avénement d'un gouvernement qui est sa très-humble créature et une accélération de déficit, c'est-à-dire la nécessité de nouveaux emprunts que les capitalistes de Londres se hâtent de soumissionner, moyennant hypothèques sur les ressources disponibles de l'État. Si ce régime eût duré dix ans encore, l'Angleterre serait maîtresse du Portugal par droits de saisie immobilière.

XIV

Dona Maria pendant un règne de dix-neuf ans
eut à subir les exigences des partis. Chartistes, absolutistes, radicaux se disputèrent sans cesse le
pouvoir. Impuissante à faire le bien, l'illustre
souveraine employa toutes les ressources de son
génie à concilier les dissidences d'opinion et à
maintenir l'équilibre entre les esprits ambitieux
qui sans souci de la prospérité du pays cherchaient à se frayer une place au conseil à travers
les sanglantes manifestations de l'émeute.

Mais quand Dona Maria II mourut, le terrain
était déblayé. Cette vaillante reine prenant pour
elle seule toutes les vicissitudes d'une époque
difficile, tous les soucis d'un trône sans cesse as-
siégé, laissait à son successeur un royaume apaisé,
une prospérité naissante et de puissants et solides
éléments de progrès.

XV

Dom Pedro V n'avait pas encore atteint sa majorité à la mort de sa mère. Dom Fernando, prince de Saxe-Cobourg-Gotha, son père, administra le royaume en qualité de régent, et ce prince aimé pour l'élévation de son caractère sut garder intact le précieux dépôt que lui avait confié la feue reine.

En remettant ses pouvoirs à son fils il prononça un discours qui témoigne des belles qualités de cet esprit supérieur :

« J'ai voulu, dit-il, faire aimer le système représentatif qui nous régit, maintenir intacts les droits et les garanties des citoyens portugais, effacer jusqu'aux derniers vestiges de nos discussion passées, et conserver ainsi l'espoir de voir luire un règne heureux, objet de l'amour du peuple, qui consolide nos institutions libérales, et enracine profondément la confiance par sa

durée comme par le caractère loyal et généreux du monarque. »

Le règne de Dom Pedro se présentait sous d'heureux auspices. Le peuple aimait son jeune monarque, la confiance renaissait et les fêtes du couronnement se passèrent au sein du plus vif enthousiasme.

Pendant les six années que la providence accorda à ce digne souverain, que de réformes accomplies ! que de progrès dans la voie du bien ! Les chemins de fer se multiplient, des bateaux à vapeur sillonnent les fleuves, les routes sont tracées sur tout le territoire, l'ardeur industrielle et commerciale des premiers jours se ranime, et ce beau pays dont la vue inspirait à Childe-Harold une admiration si poétique, que Strabon appelait une terre heureuse, ce beau pays, disons-nous, revient à la vie, non pas avec les formes délicates de l'enfance, mais avec l'exubérance, la force, l'activité de la jeunesse.

Un souverain aussi éclairé que l'était Dom Pedro ne pouvait penser que la prospérité matérielle importait seule au bonheur d'un peuple intelli-

gent ; il mit tous ses soins à développer l'instruc-
tion élémentaire et supérieure, et fit les plus grands
sacrifices pour doter dignement les écoles.

Nous venons de tracer dans le cadre restreint
que nous nous sommes imposé les brillantes qualités d'esprit de ce jeune prince et de ce grand roi ;
le tableau serait incomplet si nous ne montrions
pas combien son cœur était bon et sensible.

XVI

Le 18 mai 1858, Dom Pedro avait épousé la
princesse Stéphanie-Frédérique-Wilhelmine-An-
toinette de Hohenzollern-Zigmaringen aussi re-
nommée par sa beauté, par sa grâce, que par son
inépuisable bienveillance. Après moins d'une année d'une heureuse union, la mort enleva à
Dom Pedro la belle et douce compagne qu'il s'é-
tait donnée. Dans cette douloureuse circonstance
le jeune prince écrit au duc de Terceira une lettre
touchante dans laquelle se révèle tout son cœur :

« Toutes les consolations, disait-il, tous les soulagements sont de peu de valeur dans des douleurs telles que la mienne. C'est encore une épreuve, et très-rude, qu'il a plu à la providence de me faire subir ; le plus grand nombre des malheurs nous atteint rarement dans l'âge où les ambitions et les illusions commencent à peine à les préparer.

« Je me résigne cependant à ma destinée, et j'accomplis mon devoir pour lui-même et non pour ce qu'il peut valoir.

« Pendant les quatre années de mon règne, moi et mon peuple nous avons été compagnons dans le malheur. La conscience me dit que je ne l'ai jamais abandonné : il ne m'abandonne pas non plus aujourd'hui que je cherche un soulagement, et que je ne le trouve presque pas en dehors de la religion qui nous ordonne de croire et d'espérer, et des larmes qui se confondent avec les miennes. »

Ah ! la séparation ne devait pas être longue : la mort ne se contenta pas de cette illustre victime. Deux ans s'étaient écoulés; le 11 novembre 1861,

une terrible nouvelle se répand dans Lisbonne :
le roi se meurt ! le roi est mort. La consternation
est à son comble, le deuil est général. On ne
pouvait croire que tant d'années fussent ravies à
cette jeunesse, tant de joie à cette fortune, tant de
gloire à ce mérite.

Rien n'était plus vrai cependant; Dom Pedro V
venait de mourir précédant de quelques jours
dans la tombe son jeune frère l'infant Fernando.

Les catastrophes qui s'étaient succédé dans
la famille royale avaient frappé l'imagination des
Portugais très-attachés à un prince qui dans un
règne malheureusement trop court s'était imposé
à leur admiration et à leur amour par de bonnes
et sérieuses qualités. Les esprits s'agitèrent, sous
l'empire d'un vague soupçon; l'émeute rugit un
instant dans les rues de Lisbonne et peu s'en fal-
lut que le ministère ne succombât à cette espèce
de fièvre du regret public.

XVII

Encore accablé par l'affreuse nouvelle qu'il a connue en pleine mer, Dom Luiz Ier adresse au peuple qu'il est appelé à gouverner, cette magnifique et touchante proclamation :

« PORTUGAIS,

« En vertu des décrets impénétrables de la providence divine, et conformément aux institutions politiques du royaume, j'ai été appelé à présider aux destinées de la nation.

« La douloureuse stupéfaction que je ressens après la perte immense que nous venons de faire, consterne mon cœur. Le pays pleure la mort du plus juste et du plus éclairé des souverains, et je verse des larmes sur la tombe du plus affectionné des frères. Dans l'exercice de la difficile mission qui m'est confiée, je m'efforcerai de suivre les

nobles exemples que m'a légués le vertueux monarque si prématurément enlevé à l'amour de ses
sujets.

« Observer fidèlement les institutions politiques
de mon pays est une loi aussi conforme aux prescriptions de mes devoirs qu'à l'inspiration de
mon cœur. En exécution de la charte constitutionnelle de la monarchie, je jure de maintenir la
religion catholique, apostolique et romaine, et
l'intégrité du royaume, d'observer et de faire observer le système politique de la nation portugaise,
et de pourvoir autant qu'il sera en moi, au bien
général de la nation.

« Ce serment sera bientôt ratifié par moi dans
la prochaine réunion des cortès générales.

« J'ai ordonné que les ministres et secrétaires
d'état actuels restassent dans l'exercice de leurs
fonctions.

« Dom Luiz Ier. »

Palais de Beleur, le 14 novembre 1861.

C'est au milieu de ces circonstances que Dom
Luiz ceignit la couronne. Nature gaie, facile,
franche, noble, doué comme son illustre frère

d'une éducation libérale qu'ils devaient aux soins éclairés de leur mère Dona Maria et de leur auguste père Dom Fernando, Dom Luiz sut bientôt s'attirer l'affection de son peuple et adoucir pour lui le chagrin de la perte cruelle qu'il venait de faire.

XVIII

A l'avénement du nouveau souverain, le royaume était dans une situation régulière, tranquille et dégagée de tout embarras sérieux. Sans doute les partis ne cessaient pas de lutter au sein du parlement, mais la majorité restait fidèle au ministère personnifié dans la personne du marquis de Loulé, homme de progrès et d'initiative, esprit facile et libéral, ne se prêtant jamais à la violence ni aux persécutions, modérant au contraire le patriotisme un peu trop bouillant de quelques-uns de ses collègues. Allié à la famille royale, très-aimé du peuple et de la bourgeoisie,

le marquis, aujourd'hui duc de Loulé, a attaché
son nom, justement honoré, à presque toutes
les réformes qui ont fait de ce royaume l'état
le plus libéral de l'Europe.

XIX

Un des premiers actes du gouvernement de Dom
Luiz, fut l'embarquement des sœurs de charité
françaises et des lazaristes. Plusieurs bons esprits
s'étonnèrent alors qu'un gouvernement, si apprécié
en Europe pour ses idées généreuses, entreprît
une espèce de persécution contre de pauvres
sœurs qui ne donnaient d'autre exemple que celui
d'un pieux dévouement aux malheureux, aux
malades et à la jeunesse ignorante.

Mais il faut dire que le Portugal a eu beaucoup
à souffrir de l'action et du développement des
congrégations religieuses attachées par esprit et
par tradition au parti absolutiste. La crainte de
voir renaître les couvents depuis longtemps abolis

entraîna le peuple à des manifestations tumul-
tueuses auxquelles le ministère eut peut-être le
tort de trop facilement céder. C'est le propre de
tous les peuples libres de s'effrayer même des
fantômes de la réaction.

XX

Quoi qu'il en soit, cette agitation religieuse dura
peu de temps et le Portugal recouvra le calme que
lui avait fait le règne pacifiquement glorieux de
Dom Pedro.

On n'avait plus qu'un désir, celui de voir la
dynastie de Bragance assurée par le mariage du
jeune roi Dom Luiz. Une négociation habilement
et rapidement conduite faisait d'une des filles de
Victor-Emmanuel, de la princesse Marie-Pie, une
reine de Portugal et l'épouse du roi Dom Luiz.
Accueilli avec une vive sympathie dans les deux
pays, ce mariage n'était pas seulement l'union de
deux jeunes princes, c'était l'expression d'une

alliance politique aussi favorable à l'Italie qu'au Portugal. La même idée se faisait jour dans les deux parlements de Turin et de Lisbonne. Bientôt le président du conseil lui-même, le marquis de Loulé, qui allait être nommé duc à cette occasion, fut chargé de se rendre à Turin pour remplir toutes les formalités, et après la célébration du mariage qui avait lieu le **27** septembre à Turin, la princesse Marie-Pie, devenue reine de Portugal, était ramenée par une escadrille à Lisbonne, où elle était reçue au milieu des plus enthousiastes démonstrations. La jeune reine avait quinze ans à peine, le roi en avait vingt-quatre : tout était fait dans cette union pour éveiller la satisfaction et l'espérance, la jeunesse du couple royal et les intérêts politiques auxquels répondait ce mariage.

L'échauffourée militaire de Braga ne put ternir l'éclat des fêtes qui eurent lieu à l'occasion du mariage royal, dans Lisbonne et dans toutes les villes du Portugal.

XXI

Nous avons dit que les Portugais étaient toujours en éveil contre le retour possible d'une réaction cléricale contraire aux idées de liberté et de
progrès. Le Portugal est aujourd'hui un des pays
de l'Europe où l'état du clergé a subi les transfor-
mations les plus radicales. Les ordres religieux
d'hommes sont absolument détruits. Il ne reste
que le clergé séculier, et ce clergé lui-même, en
dehors de ce qui touche à son ministère spirituel,
est placé à peu près dans le droit commun. Il vit
de la vie de tous, il se mêle à tout, à la politique
et quelquefois aux travaux publics ; il porte à
peine un habit distinct ; les jeunes gens qui se
destinent au sacerdoce peuvent faire leurs études
et prendre leurs grades à l'université commune,
à Coïmbre, mêlés à tous les étudiants. Le gouvernement actuel a recueilli des anciens pouvoirs des droits assez étendus qu'il prétend

maintenir énergiquement dans ses rapports avec
l'église. C'est ainsi qu'un décret du 2 janvier
1862 soumettait à un concours qui pouvait être
présidé par des laïques, la nomination des curés
de paroisse, réduisant par le fait l'autorité épisco-
pale à un rôle très-restreint, à la consécration
purement spirituelle.

Ce décret, quand il parut, souleva naturellement
une vive opposition de la part de l'épiscopat.
Mais le gouvernement n'en maintint pas moins ce
qu'il croyait être son droit. Il est à remarquer d'ailleurs que le clergé portugais, unissant une grande
connaissance de la vie pratique à une solide in-
struction, est l'objet de la part des catholiques
d'une grande vénération ' qu'il mérite par ses
vertus.

XXII

Sous le gouvernement de Dom Luiz s'est accomplie une réforme qui sera éternellement la gloire

de ce souvrain généreux, digne descendant de cet honnête monarque, qui répondait au roi de Castille lui proposant un traité réciproque d'extradition des réfugiés politiques : « Où mes sujets iraient-ils attendre mon pardon ? » Nous voulons parler de l'abolition de la peine de mort.

Au commencement de l'année 1865, au moment où les Cortès discutaient la loi des finances, un député, M. de Gouveia, proposait de retrancher du budget de la justice le traitement du bourreau, ce qui entraînait l'abolition de la peine de mort. La motion fut saisie et chaleureusement appuyée par des hommes de toutes les opinions. Une telle proposition ne pouvait cependant être votée incidemment; elle fut renvoyée au comité de législation, qui peu après présentait à la chambre un projet fort simple conçu en ces termes : « La peine de mort est abolie. » Si une réforme aussi sérieuse et devant laquelle reculent tous les pays les plus civilisés, était si promptement, si facilement acceptée en Portugal et convertie en loi sans discussion, c'est qu'évidemment elle était mûre. Depuis assez longtemps d'ailleurs la peine de mort n'existait plus en fait. Depuis bien des années, on n'avait pas vu d'exécutions. D'abord en matière politique, elle était formellement abolie depuis 1852. Pour les crimes ordinaires eux-mêmes, elle n'avait été que rarement appliquée sous le règne de Dona Maria ; elle ne l'avait plus été du tout depuis la régence du roi Dom Fernando, surtout sous le règne de Dom Pedro, dont la conscience scrupuleuse et humaine n'aurait pas voulu accepter la responsabilité d'une exécution sanglante. De telle sorte que les mœurs avaient devancé la loi et que l'abolition de la peine de mort proposée à l'occasion du budget passait naturellement dans le code portugais. C'est certainement un progrès supérieur à beaucoup d'autres et qui dénote dans le caractère de ce peuple un grand apaisement, une douceur qui est le fruit de la sécurité que donne la tranquillité morale. Une telle réforme était faite pour honorer une session et pour lui donner une valeur exceptionnelle dans l'ordre moral et politique.

XXIII

Infatigable à marcher dans la voie du bien, le gouvernement de Dom Luiz proposa et fit adopter une loi connue sous le nom de loi du 19 mai 1863, laquelle faisait disparaître complétement et sous toutes ses formes la propriété de main-morte; c'était la liberté pleine et entière du sol portugais.

L'État y a gagné non-seulement par le développement de la production agricole, par l'accroissement de l'impôt foncier, par la multiplicité des transactions et des transmissions de propriétés, mais encore parce que la valeur d'une partie de ces biens ayant été transformée en rentes publiques, les titres forcément demandés et recherchés se sont ressentis de cette heureuse influence. La richesse publique a pris dans son ensemble un essor nouveau et les anciens détenteurs de propriétés immobilières en ont eux-mêmes tiré de grands avantages et de notables sources de gain.

L'abolition de la propriété de main-morte a été le premier fait d'une révolution économique radicale. Bientôt on abolit le monopole de la vente du tabac qui pesait lourdement sur les consommateurs sans rapporter beaucoup au trésor. Le monopole de la vente des savons et celui de la vente des poudres ont été également abolis.

En même temps les finances étaient l'objet de la sollicitude du gouvernement; une meilleure répartition des impôts, une perception mieux entendue, l'accroissement des richesses publiques par l'exécution de nombreuses lignes de chemins de fer et de toutes sortes de voies de communication, faisaient affluer l'argent dans les caisses de l'État et diminuaient le déficit.

Ces travaux importants s'accomplirent pendant la session parlementaire de 1865; et à l'issue de cette session le roi put dire avec un légitime orgueil et avec cette élévation de langage dont il a le secret: « En six mois, vous avez réalisé des réformes profondes dans la législation, préparé de nouvelles institutions de crédit, donné de l'impulsion au régime fiscal dans le sens de la liberté, favorisé les travaux des routes, amélioré les conditions de

la marine et de l'armée, assisté au développement
de la richesse publique, et prouvé enfin combien
la libre action des institutions, éclairée par l'intelligence et encouragée par le dévouement, est puissante et efficace. »

XXIV

Quand l'empereur Napoléon III proposa aux
souverains la réunion d'un congrès Européen pour
prévenir les conflits sanglants qui menaçaient de
s'engager entre les puissances, Dom Luiz Ier fut un
des premiers à envoyer son adhésion.

« La lettre que Votre Majesté Impériale a bien
voulu m'adresser le 4 du courant, écrivait-il à
l'Empereur, digne par son objet des plus sérieuses
réflexions, a naturellement appelé toute mon attention.

« La franchise de langage de Votre Majesté sur
des difficultés et des dangers que toute l'Europe

est intéressée à prévenir, est une évidente preuve
du désir qu'elle a de resserrer les liens d'amitié
qui subsistent si heureusement entre nos deux
pays.

« Je me fais donc un agréable devoir d'annon-
cer à Votre Majesté Impériale que j'adhère sans
hésiter à sa conciliante proposition et que je m'associe de tout mon cœur aux sentiments qui l'ont
inspirée.

« Les congrès après la guerre sont ordinaire-
ment la consécration des avantages du plus fort,
et les traités qui en dérivent, s'appuyant plutôt sur
des faits que sur des droits, créent les situations
forcées dont le résultat est ce malaise général qui
enfante les protestations violentes et les réclama-
tions armées.

« Un congrès avant la guerre, dans le but de la
prévenir, est à mon avis une noble pensée de
progrès. Quelle que soit son issue, il restera
toujours à la France la gloire d'avoir posé les
fondements de ce nouveau principe si hautement
philosophique.

« Convaincu comme je le suis de l'utilité d'un
congès international dans cette conjecture, je

ne manquerai pas d'y envoyer mes représentants et de les faire munir des instructions nécessaires.

« Pour ce qui m'est personnel, très-sensible à l'offre obligeante et gracieuse de Votre Majesté, je me plais à l'assurer que si les circonstances me le permettent, je l'accepterai avec la plus grande satisfaction.

« En attendant, je prie Votre Majesté Impériale de vouloir bien agréer les sentiments de haute estime et d'inaltérable amitié avec lesquels je suis, monsieur mon frère, de Votre Majesté Impériale le bon frère. »

On sait maintenant tous les maux et tous les malheurs que la généreuse initiative de Napoléon III, si noblement et si hautement appréciée par Dom Luiz, aurait épargnés à l'Europe.

Nous sommes convaincus d'ailleurs que cette pensée d'un congrès réglant pacifiquement les litiges des États entre eux ne périra pas, qu'elle mûrira au contraire, et deviendra la source d'institutions fécondes pour la marche progressive de l'humanité.

Par son adhésion chaleureuse et sans réserve à

la proposition de l'Empereur des Français, le roi
Dom Luiz dont le gouvernement a déjà rendu tant
de services à la cause libérale, s'est placé au ni-
veau des souverains les plus populaires et les plus
éclairés de notre époque, et a bien mérité de son
pays sur lequel il ne cesse d'attirer l'attention
sympathique de tous les hommes politiques qui
s'intéressent aux idées de progrès et de liberté.

XXV

Dom Luiz Ier, depuis son avénement au trône,
n'a cessé de persévérer dans la voie des réformes. Les travaux publics ont été poursuivis avec
activité, le commerce et l'industrie ont été dé-
veloppés et délivrés des entraves qui gênaient
leur libre essor. Les finances ont été équilibrées,
résultat important, indispensable, dans tout État
sagement administré ; les relations extérieures se
sont consolidées par de fermes alliances.

En même temps que le bien être matériel se

développait, les institutions qui font la gloire des peuples avancés en civilisation jetaient dans le pays de profondes racines. La presse est libre, les citoyens peuvent se réunir pour discuter leurs intérêts et pour faire connaître leur volonté. Et le temps n'est pas loin sans doute où le suffrage universel viendra couronner l'édifice de la constitution portugaise.

Chaque année voit s'accomplir un nouveau progrès. A l'ouverture des dernières Cortès, Dom Luiz a annoncé qu'un projet de loi serait présenté pour l'abolition de l'esclavage dans les colonies portugaises. Un prince aussi bon, aussi libéral, souffrait de voir subsister dans ses États une institution réprouvée par tous les sentiments d'humanité.

XXVI

La révolution économique qui est en voie de s'accomplir, a inauguré dans les sociétés modernes une ère nouvelle dont tous les esprits clairvoyants ont pénétré la grandeur et la fécondité.

Des luttes séculaires avaient développé parmi les peuples des haines profondes, des rivalités invétérées que les gouvernements même les plus sages n'avaient le pouvoir ni d'adoucir ni d'apaiser. L'antiquité avait formulé pour ce dangereux état de choses un axiome que depuis on a répété et mis en pratique comme s'il était l'expression de la sagesse, de la puissance et de la prospérité des États. *Si vis pacem, para bellum,* disait-on ; si vous voulez vivre en paix, armez-vous, effrayez vos adversaires par un appareil de guerre imposant, enlevez les hommes à l'agriculture et au commerce pour en faire des soldats, couvrez les mers de vos flottes, multipliez les moyens de destruction, engouffrez millions sur millions dans des travaux de défense, sinon la guerre vous menace.

Nous devons le constater avec orgueil : il se fait de notre temps une réaction contre ces funestes théories. La *Vendetta* de peuple à peuple tend à disparaître des nations civilisées, et la spoliation du faible par le fort soulève une indignation générale qui trouble le conquérant dans la possession de sa facile conquête. Ces symptômes présagent une transformation sociale prochaine.

Mieux éclairés sur leurs véritables intérêts, les hommes au lieu de chercher à s'entre-détruire, comprendront enfin qu'il est un but plus digne de leur intelligence et de leurs efforts.

Quand ces temps seront arrivés, ce ne seront pas les nations qui occupent de vastes territoires, qui comptent les soldats par centaines de mille qui vaudront par l'influence et par le rang, ce sont celles qui devançant l'avenir seront arrivées à l'indépendance et à la liberté.

Nous le répétons, ces temps sont proches, et alors la nation, dont nous venons d'esquisser rapidement la glorieuse histoire, cette nation qui chaque jour grandit par la sagesse et l'intelligence de son gouvernement, qui déjà fournit des exemples et qui bientôt donnera des leçons, occupera dans le concert des peuples, et peut-être dans la Péninsule, la place importante qu'elle mérite.

Paris, 20 août 1865.

PARIS. — IMP. SIMON RAÇON ET COMP., RUE D'ERFURTH, 1

www.ingramcontent.com/pod-product-compliance
Lightning Source LLC
LaVergne TN
LVHW010409060726
842526LV00005B/1591